AF388771

OPINION

DE

M. FRANÇOIS DE CORCELLE

DÉPUTÉ DE L'ORNE

SUR LES CRÉDITS SUPPLÉMENTAIRES ET EXTRAORDINAIRES
DE 1841-1842

Séance du 4 avril 1842

MESSIEURS,

Mon honorable ami M. Desjobert a décrit des embarras, des périls que je reconnais également dans la situation présente de l'Algérie.

Bien loin de contester cette triste partie de ses observations, je serais presque tenté d'y ajouter des preuves nouvelles, tant je suis convaincu qu'il est quelquefois patriotique de constater hautement les côtés faibles de son pays, pour y porter remède ; mais mon vote sera contraire à celui de l'honorable et consciencieux orateur, parce que, dans ma vive préoccupation du véritable objet de notre conquête, de la nécessité où nous sommes désormais de fonder un puissant établissement dans la Méditerranée, je dois conclure des dangers qu'il a signalés, l'obligation impérieuse de les surmonter avec la plus énergique résolution.

Les mesures qu'il conseille conduiraient inévitablement, et, contre son avis, sans doute, à l'abandon de tout établissement français en Afrique.

Le Gouvernement, messieurs, nous propose-t-il des mesures efficaces? Nous propose-t-il tous les moyens nécessaires et les meilleurs moyens de mettre un terme à nos difficultés?

Je le voudrais ardemment, car toute vue d'opposition systématique m'est odieuse, et je serais heureux d'appuyer entièrement le cabinet dans une affaire qui intéresse autant l'honneur et l'avenir du pays.

Mais quand j'examine l'état précaire de notre établissement, les sacrifices à la fois très-considérables et très-insuffisants que l'on nous demande, quand il est certain que nos charges ne peuvent s'accroître et que, cependant, si l'on ne trouve pas moyen de les répartir entre tous les services également urgents et nécessaires, les expéditions africaines doivent absorber toutes nos ressources au delà d'une certaine limite, je conçois, je l'avoue, de vives inquiétudes.

Le renversement de la puissance du chef qui nous a suscité tant d'obstacles me paraît, sinon nécessaire, très-utile du moins à la fondation d'une colonie, et je ne conçois même pas la pensée d'interrompre, au milieu du succès, ce premier résultat d'une guerre conduite par M. le général Bugeaud avec un talent, une énergie, un retour de jeunesse vraiment incomparables. Seulement, je crains que la poursuite de l'ennemi arabe ne fasse oublier l'ennemi beaucoup plus redoutable qui peut surgir sur la mer; je crains que le Gouvernement, en exagérant ses avantages, ses chances de maintenir la paix en Europe, ne néglige, en Algérie, les précautions les plus urgentes et n'aboutisse, contre son avis également, à une conclusion qui ressemblerait beaucoup à celle de l'honorable M. Desjobert.

Pays et Gouvernement, messieurs, nous avons trop compté sur nos facilités et nos loisirs. Pendant onze ans, nous avons à peine imaginé qu'une sérieuse chance de guerre pût troubler l'éducation de notre colonie en nous contraignant au déploiement de nos forces navales dans la Méditerranée.

Cette excessive sécurité a beaucoup contribué à faire éclore une multitude de projets qui ont fini, je crois, par nous rendre très-obscur le but de notre possession d'Afrique ; elle a augmenté notre disposition si fâcheuse à peu nous inquiéter de notre avenir et de la suite de ce que nous entreprenons.

De là ce mélange d'aventures qui nous engageaient tous les jours davantage, et de consultations tardives, l'étude n'arrivant jamais qu'à la suite de l'action et comme un remords attaché à l'honneur de nos armes ; de là cette mobilité dans l'exécution, et en même temps dans la direction générale de nos affaires, cette sorte de fatalisme emprunté aux races vaincues, qui nous portait sans cesse à gagner du temps, parce que nous pensions en avoir beaucoup devant nous, à multiplier tous nos obstacles en essayant de les éluder.

On se figurait mille occasions fortuites de réparer ses fautes, de tirer parti de quelque bonheur imprévu, comme si les colonies et les empires se faisaient au hasard ; comme s'ils n'étaient pas, en vertu des lois divines, une œuvre de liberté morale et de religion prévoyante !

Le Gouvernement qui se conduirait au hasard pourrait à peine se maintenir lui-même ; à plus forte raison serait-il incapable d'aucune acquisition glorieuse au dehors.

Un bien grave avertissement, messieurs, le traité du 15 juillet 1840, aurait dû nous tirer plus tôt de la sécurité singulière, de l'état de rêverie, d'imprévoyance, que je signale ; il aurait dû nous éclairer sur la situation de l'Algérie et la nôtre.

Que serait devenue la colonie, en effet, si la guerre eût éclaté il y a un an? Elle aurait été exposée à la plus désastreuse des capitulations.

On eût héroïquement résisté, je n'en doute pas; mais la famine est un obstacle qui augmente avec le nombre des plus vaillants défenseurs, et nul n'oserait affirmer que la colonie, dans ses conditions présentes, est en état de résister au double blocus d'une puissance maritime supérieure à la nôtre et des indigènes, excités alors par un surcroît d'appui et d'audace.

Voilà, messieurs, quel a été et quel est encore le péril de la France. Il subsistera dans toute sa gravité aussi longtemps que la colonie ne pourra vivre sur son territoire, aussi longtemps que notre flotte n'aura pas la puissance de la défendre et un refuge assuré dans ses ports.

Comment vit aujourd'hui la population civile et militaire de l'Algérie? Par des approvisionnements étrangers.

Nous n'avons là ni culture ni colonie véritable, messieurs; la production des céréales est presque inconnue parmi les habitants soumis à nos lois, et cependant, comme ils forment avec l'armée une population d'environ 150,000 individus, 6,000 navires, en 1841, ont été employés à leur apporter les vivres et denrées nécessaires. Notre marine ne figure que pour un tiers dans ces transports.

Pense-t-on, messieurs, qu'en cas de guerre, l'on pourrait compter sur l'arrivage de 6,000 navires, en supposant d'ailleurs que les marines étrangères dont le concours est indispensable n'appartinssent pas à des nations hostiles?

Vainement, messieurs, on croirait se soustraire à de telles nécessités en attirant à soi les indigènes, et commerçant avec eux. Il serait temps, en effet, d'attirer à soi les indigènes par la civilisation et le commerce; mais depuis dix ans ce sont des expédients contraires que l'on a toujours essayés, tout en déclarant que le marché intérieur des Arabes et Kabyles nous

offrirait d'immenses ressources ; je ne nie pas qu'en temps de
paix on ne puisse assez largement profiter de ce marché intérieur, je crois qu'on en pourrait augmenter l'importance en
ne changeant pas militairement, comme on le fait, les ordon-
nances de douane, en ne soumettant pas les indigènes à un
régime de réquisitions, de maximum et de jugements arbi-
traires, en n'appliquant pas quelques-uns des mêmes sévices
aux colons européens ; mais même avec de meilleurs procédés, le marché intérieur a toujours été bien loin de suffire
pendant la courte durée de nos trèves.

Ainsi, messieurs, dans la province de Constantine où nos
relations, sans être bien assurées, ont pourtant un caractère
pacifique en comparaison du reste de l'Algérie, le blé a valu
jusqu'à 70 fr. l'hectolitre, et c'est du grain d'Odessa que l'on
consomme au Sétif.

L'explication en est simple. Les nomades cultivent mal
pendant la paix, plus mal encore pendant la guerre ; en tout
temps, ils n'ont que peu de produits au-delà de leur con-
sommation.

J'admets que la terre est très-fertile, que les cultures des
indigènes doivent s'étendre à mesure que l'œuvre de la pacification s'accomplira ; mais il faut toujours prévoir, messieurs,
que le marché intérieur sur lequel on aurait fondé ses espérances nous échapperait à la première guerre.

A défaut d'échanges incertains ou insuffisants avec les indigènes, peut-on accumuler constamment par la voie de mer
les approvisionnements qu'exige l'éventualité d'un double
blocus indigène et européen ? Non, messieurs, ce serait une
illusion de le croire. Les populations placées sous notre protection et la garantie de notre honneur, sont trop nombreuses
pour qu'on puisse assurer leur subsistance par de semblables
précautions.

Dans une guerre générale, l'armée pourrait et devrait être
réduite ; mais comment diminuer le nombre des 30 à 40,000

indigènes et des 33,000 européens fixés sur notre territoire ? Comment les faire vivre ou les exporter eux et leurs effets mobiliers ? Comment les indemniser de leurs pertes ?

Pour transporter, en 1830, une armée de 34,000 hommes, il a fallu 100 bâtiments de guerre et la nolisation de 400 voiles marchandes dont les deux tiers n'appartenaient pas à la France.

Tous les paquebots d'Algérie ont servi, pendant l'année 1841, au passage de 61,000 individus.

Ainsi, messieurs, nous sommes dans l'obligation aujourd'hui d'approvisionner de loin une population plus considérable que celle de Gibraltar et de Malte, et cependant ces établissements anglais ne sont pas divisés comme les nôtres, enveloppés sur une vaste étendue de côtes et sur tous les points d'ennemis insaisissables.

Vers la fin du dernier siècle, les Espagnols ne possédaient qu'Oran sur le littoral de l'Algérie. Comme nous, ils n'avaient pas de population agricole ; mais Oran était à quinze heures de Carthagène, fort à portée de leurs ravitaillements et secours. Qu'est-il arrivé ? Les Espagnols ont été réduits à l'abandon de cette ville, où ils ont laissé des monuments empreints de leur ancienne grandeur et le souvenir de fort beaux exploits.

Les approvisionnements qui dépassent les proportions ordinaires sont difficiles en Afrique, même avec les facilités de la paix et de la navigation actuelle ; ces approvisionnements se font à des prix onéreux et souvent avec beaucoup de désordres ; le défaut d'espace dans les magasins et des bonnes conditions de débarquement, les accidents du climat multiplient les causes de détérioration ou de pertes. Huit à neuf mois de vivres pour l'armée, deux mois pour la population civile, voilà la moyenne que l'on a pu atteindre jusqu'à présent. Quels que soient les nouveaux moyens que l'on imagine, ils ne permettront pas de se pourvoir contre de très-longues hostilités sur mer et dans l'intérieur.

Je n'entrerai pas dans de plus grands détails, messieurs ; il suffit d'indiquer ces difficultés générales, parce qu'elles peuvent se renouveler avec un conflit européen.

J'en tire cette conséquence que le principal besoin de notre établissement est l'introduction d'une population agricole, qui alimente, dans un rayon déterminé, nos garnisons et nos villes.

Nous ne devons compter, en Algérie, que sur nous-mêmes, et, comme l'armée, les colons établis sur cette terre n'y peuvent rester captifs, sans communication avec la France ; comme il faut prévoir que, même en se hâtant, la colonisation ne fera vivre l'établissement que dans un certain nombre d'années, il faut aussi reconnaître la nécessité de construire des ports, de les fortifier, de les défendre avec une marine qui n'ait à redouter aucune agression dans la Méditerranée.

Mais ces moyens d'une occupation sûre et durable ne s'improvisent pas ; nous devons donc les réaliser sans perte de temps. Quand il y a un an à peine nous étions menacés, dès le début de la guerre, de perdre la colonie, ne serait-il pas insensé d'ajourner l'examen et l'exécution de ce que nous avons à y faire ? Ne sommes-nous pas dans l'obligation de voir enfin clairement notre but et d'écarter d'abord tout ce qui nous en détourne, car toute illusion, tout déguisement de la vérité, toute substitution d'un avantage accessoire à l'utilité principale fausse notre direction, détermine la diminution ou l'ajournement des efforts nécessaires ?

Assez longtemps nous nous sommes étourdis sur notre péril, tantôt en poursuivant à perte de vue de gigantesques projets qui, d'un instant à l'autre, pouvaient ne laisser aucune trace, tantôt en accueillant avec crédulité je ne sais quels motifs honteux ou ridicules que l'on nous recommandait comme la récompense de nos sacrifices.

Parcourez, messieurs, ces divers projets proposés pour utiliser l'Algérie, au moment même où elle allait nous échapper.

A côté de la profonde sécurité méditerranéenne qui en est le caractère distinctif, vous y verrez aussi que l'on embrasse quatre ou cinq buts à la fois, pour être dispensé d'en définir péremptoirement un seul.

Il semble que, désespérant de nous engager dans une résolution sensée et courageuse par l'évidence d'une bonne raison, on ait prétendu nous éblouir par la profusion des merveilles imaginaires.

C'est ainsi qu'on se préoccupait du profit des plus fabuleuses cultures et d'un vaste commerce, comprenant jusqu'à la poudre d'or des caravanes du Soudan ; en même temps on faisait valoir l'avantage d'offrir à des existences turbulentes un lieu de déportation volontaire ; à l'armée, une école de guerre active ; aux imaginations vives ou déréglées le charme d'une grande entreprise inconnue, je ne sais quelle fusion mystique des mœurs européennes avec les mœurs orientales ; on voulait, de plus, que la fierté inquiète du pays eût là des occasions de se distraire par de petits succès et sans entraînement de guerre générale.

Rien n'est plus propre que cet ensemble si confus à révéler l'incertitude, l'imprévoyance des esprits, et peut-être une position fausse qui nous porte à reculer devant un résultat pratique, de peur d'arriver à de nouveaux mécomptes.

Ce n'est pas ainsi que de grands peuples et de grands gouvernements ont réalisé leurs entreprises : leur but était clair et leurs procédés assez simples.

On aura beau amplifier les avantages d'une colonie si fragile dans son état actuel, plusieurs idées vagues ne peuvent faire une idée nette, plusieurs petites prétentions réunies ne sauraient s'élever à un parti héroïque, et la variété des plus agréables espérances ne vaudra jamais un seul moyen de solide prospérité.

Je n'entreprendrai pas, messieurs, de réfuter toutes ces utopies.

Personne n'accueillerait ici l'abominable pensée de cultiver la guerre pour la guerre, de commencer par nous affaiblir sur le continent et nous ruiner afin de former quelques chefs militaires plus capables; vous ne souffririez-pas non plus qu'on créât des hostilités lointaines pour tromper la France sur les devoirs que son rang lui impose; vous n'aimez l'inconnu ni en Afrique ni dans le budget; vous ne reconnaissez en aucune façon la supériorité des mœurs de l'islamisme sur les mœurs chrétiennes, et vous n'admettez donc pas le rapprochement idéal qui serait la dégradation de celles-ci; vous ne pouvez penser qu'il soit bon de transporter une multitude d'hommes turbulents dans une colonie qui a surtout besoin d'une population honnête et régulière, et enfin ce n'est pas la déportation aventureuse de toutes les misères du royaume qui vous paraîtrait le moyen de les soulager, quand, vous le savez, l'agriculture nationale et les grands travaux publics peuvent occuper tant de bras.

Un seul objet, parmi ces rêves, mériterait d'attirer votre attention puisque l'administration elle-même l'a représenté comme très-important; vous examineriez s'il est vrai que l'on puisse acquérir en Algérie un très-grand commerce

Mais vous apercevriez bientôt, messieurs, que cet avantage est chimérique, car on ne saurait l'obtenir qu'avec une nation qui puisse ou veuille échanger des productions. Or, cette nation n'existe pas en Afrique. S'il faut l'y transporter, la former d'Européens, assainir son territoire, la défendre, l'abriter et lui faire toutes sortes d'avances, nous n'en retirerons jamais l'intérêt de notre capital, ce qui est assurément la plus faible compensation que l'on doive se proposer dans une spéculation purement industrielle.

1*

Deux milliards seront dépensés, peut-être, lorque la nation coloniale sera bien établie : n'est-il pas évident que ses échanges ne vaudront jamais un bénéfice net de 100 millions?

N'est-il pas évident d'ailleurs que si, contre mon opinion, un grand commerce devait nous écheoir, il serait un danger de plus, tant que la colonie ne serait pas en état de défense, puisque nous aurions alors à prévoir une rivalité à la fois politique et commerciale?

Il n'y a rien aujourd'hui qui doive entretenir en Algérie de véritables échanges de nations à nations.

La population maure dépérit et s'éteint; les israélites prélèvent leurs bénéfices ordinaires sur la production; nos Européens sont occupés d'horticulture, de ventes en détail et d'une petite industrie intermédiaire; quant aux Arabes ou Kabyles qui cultivent et consomment, vous croirez aisément que leurs besoins les portent peu à des achats considérables de nos produits, alors même que la religion et la guerre ne les en éloignent pas.

La fertilité de l'Afrique ne dispense nullement des capitaux, du travail appliqué à la terre; et, quoiqu'il y ait des chances d'ouvrir avec les indigènes d'utiles relations, dans l'intérêt de la paix et de la civilisation surtout, cette paix, cette civilisation, tout est encore à créer.

Aussi, messieurs, la presque totalité des importations africaines ne représente que les fournitures de l'armée.

Si le but essentiel de l'Algérie n'est pas commercial, messieurs, si aucun des avantages accessoires que j'ai passés en revue très-rapidement ne justifie la perte de cinquante mille soldats et l'emploi de 5 à 600 millions, aujourd'hui dépensés avec le risque de voir à chaque instant s'écrouler notre édifice, quelle est donc l'utilité d'une semblable entreprise?

L'utilité de l'Algérie, messieurs, sa destination véritable, elle a été définie dans cette enceinte, par l'éloquent rapporteur de la commission des crédits supplémentaires de 1838 :

« Notre conquête, disait l'honorable M. Dufaure, nous donne deux cent quarante lieues de côtes sur cette mer Méditerranée où tous les peuples semblent appelés à des destinées nouvelles, des ports qui peuvent devenir sûrs : Oran, en face de l'Espagne ; Bone, près de la Sardaigne ; Alger, à portée des Baléares ; tous trois sur le grand chemin que suivent les vaisseaux de l'Amérique et de l'Angleterre pour arriver dans le Levant. La seule possession de ces ports doit ajouter à notre puissance sur ce littoral. »

Ces paroles, messieurs, exprimaient l'instinct le plus élevé de la France. Nous sommes, en effet, si naturellement placés dans la Méditerranée, nous y avons de si grands intérêts, que nous ne pouvons ajourner aucun moyen d'y rendre notre position plus forte, ni rester inattentifs aux grands changements qui s'y préparent.

Nous possédons l'Algérie, messieurs, dans un double intérêt de civilisation ; nous la possédons, comme le disait encore l'honorable M. Dufaure, afin de nous opposer à toute espèce de piraterie *barbare* ou *civilisée;* afin que chacun ait son droit dans cette mer où le commerce a retrouvé le plus court chemin de l'Inde, et où s'ouvrira tôt ou tard la succession d'un empire qui occupe les positions les plus enviées entre l'Europe et l'Asie.

L'Algérie n'est qu'une cause de déclin ou de ruine pour la France, ou bien elle est un poste d'observation sur toute l'étendue de la Méditerranée, une sorte de Gibraltar oriental ; nous y devons trouver toute l'augmentation de force maritime nécessaire pour prendre part avec plus d'autorité et de justice au règlement de ces intérêts qui se lient à tous les nôtres et renferment les destinées du monde.

Voilà, messieurs, une mission digne de la France. Ce but que je rappelle est grand par ces avantages, mais sachons qu'il est grand aussi par ses périls, car il doit susciter contre nous les jalousies, les susceptibilités, les craintes des peuples qui, étant constitués pour la conquête et les monopoles commerciaux, tendent à ces injustes fins dans les affaires d'Orient.

D'un autre côté, ce but qui nous prépare peut être des ennemis, devrait nous valoir des alliances.

L'Europe centrale, les nations riveraines de la Méditerranée, ces nations qui profitent déjà par le commerce de notre colonie, ne souffriraient-elles pas comme nous et plus que nous des envahissements qui nous abaisseraient avec elles? Nous défendons leurs intérêts dans la Méditerranée en défendant les nôtres. Aussi l'Algérie, sous ce point de vue, n'est-elle pas vraiment une conquête dans le sens des intérêts exclusifs ordinairement exprimés par ce mot.

Quoique nous devions y trouver notre propre avantage, c'est bien plutôt un établissement protecteur de toutes les marines secondaires, un établissement de civilisation et de droit commun pour tous les peuples, un gage de paix honorable pour l'Europe.

Cette situation et la poursuite d'un tel but nous imposent une politique généreuse, pleine de respect bienveillant pour les droits de tous, prompte au besoin à leur venir en aide.

Une telle politique est la seule qui puisse honorer encore notre pays et lui réussir. En paraissant la suivre dans les affaires de Grèce et d'Afrique, la restauration s'était noblement relevée au dehors du malheur de son origine.

Une nation qui veut la justice chez elle ne peut vouloir l'iniquité chez ses voisins. Dès qu'elle se réforme, elle mécontente les gouvernements qui redoutent ses exemples, et si elle se propose en outre des conquêtes exclusives, elle n'offense pas seulement le principe de ses propres institutions, elle tente l'impossible en ajoutant la malveillance de tous les peuples à la malveillance de tous les cabinets.

Mais une politique généreuse, vis-à-vis des peuples qui en suivent une autre, est tout l'opposé d'une politique timide, et quand la prévoyance des immenses intérêts contenus dans la question d'Orient nous a déterminés à la fondation d'un établissement méditerranéen, nous avons contracté le plus grave des engagements. Il n'est plus permis d'ignorer les conséquences d'une prétention si haute !

A côté des peuples qui seront tôt ou tard en communauté d'intérêts pacifiques avec la France, nous avons affaire à l'opposition persévérante et habile de ceux qui ont des intérêts turbulents.

C'est en face de notre colonie inachevée que nous rencontrons l'Angleterre. Nous voulons un établissement dans la Méditerranée.... que de difficultés ! que de périls ! que de conditions à remplir ! quelle gloire, messieurs !

Pour qu'un port lointain puisse avoir quelque influence sur les mers, il faut d'abord qu'il soit bien construit, fortifié, pourvu de quelques moyens de réparation navale ; mais si, de plus, une population agricole n'y fait pas vivre les habitants des villes, leurs garnisons, les équipages des vaisseaux qui s'y abritent, un tel établissement divise et diminue les forces du pays qui le possède ; à moins que ce pays ne s'appuie, comme la Grande-Bretagne, sur une marine si formidable qu'elle puisse défier tous les obstacles de la guerre et se fortifier en multipliant ses points d'occupation.

Jusqu'à ce que nous ayons dans la Méditerranée une marine aussi puissante, jusqu'au moment où il y aura facilité de protection réciproque entre la France et sa colonie, celle-ci sera notre côté le plus vulnérable et tout à fait le contraire d'une position maritime.

Ce mot, en effet, ne devient-il pas un véritable contresens si, au lieu d'exprimer un appui pour notre marine, la garantie de notre politique du Levant, il signifie une possession qui, dès son début, absorbe la plus grande partie de nos ressources ; si, n'étant pas même assurés de la défendre, tous ses progrès partiels, toutes nos constructions, toutes nos dépenses, peuvent à chaque instant tourner contre nous?

Cessons, messieurs, de nous dissimuler les infirmités de cette situation, en nous attachant aux probabilités de la paix européenne.

Est-il donc nécessaire d'admettre le cas extrême de la guerre pour subir l'affaiblissement qui résulte d'un si grave embarras, et comment mènerions-nous à bonne fin la moindre négociation diplomatique, aussi longtemps que nous ne paraîtrions pas libres dans nos mouvements?

Quant à moi, je crains que, dans l'entreprise même où nous nous sommes proposé un avantage sur une puissance maritime supérieure, notre Gouvernement ne soit amené, par faiblesse, à l'étrange et contradictoire alternative de lui faire les concessions les plus dangereuses, comme dans l'affaire si fâcheuse du droit de visite, par exemple; de lui faire les concessions que nous aurions voulu éviter en érigeant contre elle, au besoin, un établissement dans sa dépendance, ou bien de provoquer les hostilités de cette même puissance, par une prétention mal soutenue avant que nous ne soyons en mesure d'y faire face.

Mes inquiétudes augmentent encore, messieurs, si je considère l'état actuel des affaires extérieures, l'anarchie orientale qui s'est manifestée au moment même où l'on signait le traité de juillet 1841, la disposition générale des esprits en France et en Angleterre, ces indiscrétions enfin, ces *errata* de tribune à tribune qui, assurément, couvrent fort peu de bienveillance.

Je crois bien que les *observations* anciennes ou récentes du ministère anglais ne se formuleront pas en *objections* avant que les difficultés de l'Inde, de la Chine et de l'Amérique ne soient aplanies, avant que l'Algérie n'ait pris plus de consistance; mais encore n'avons-nous ni temps à perdre ni mesures à négliger, et je ne trouverais pas que les difficultés de l'Angleterre fussent pour nous des occasions naturelles de lui

faire des concessions contre notre droit légitime et notre
sûreté.

Au lieu de marcher fermement à notre but, que faisons-
nous les uns et les autres ? Le Gouvernement exalte plus que
jamais l'Algérie, et, d'un autre côté, on se laisse entraîner
quelquefois à des récriminations blessantes que, pour mon
compte, j'ai toujours déplorées parce qu'elles expriment des
haines qui n'entrent point dans mes sentiments, parce qu'elles
sont contraires au respect que se doivent deux grandes nations.

La terre d'Afrique est saluée à l'ouverture de la session
comme une terre à jamais française, mais si l'on fait immen-
sément du côté des Arabes, on est bien négligent en Europe
pour garantir à notre colonie la beauté de son pavillon.

Un peu moins d'emphase africaine, un peu moins de mots
blessants envers l'Angleterre, et un peu plus de vaisseaux, de
loyaux procédés toujours, voilà l'attitude que je souhaite
à la France.

Je suis malheureusement réduit à souhaiter aussi que le cabinet ait le sentiment de cette situation, car je ne puis m'ex-
pliquer en ce moment la division, l'affaiblissement de notre
belle flotte de la Méditerranée, la réduction du budget général de la marine, l'ajournement ou l'interruption des travaux du port militaire d'Alger.

Je m'étonne et m'afflige qu'après les *observations* du ministre anglais, ce soient précisément les précautions mari-
times que l'on néglige pour l'Afrique ; je m'étonne et m'afflige que le Gouvernement, au moment où nous allons engager 100,000 hommes peut-être sur cette terre, n'assure pas
sans délai, à notre brave armée, les seuls moyens de complète sécurité qu'elle puisse avoir en attendant le succès de
la colonisation : l'armement, la construction des ports et une
grande marine.

On peut soutenir (c'est une erreur, je le crois), on peut

soutenir que la colonisation n'est possible qu'après l'entière soumission de l'Algérie; mais comment cet argument serait-il applicable à des travaux qui s'exécutent sur la côte, et qu'il est d'autant plus pressant de commencer, qu'il faudra du temps pour les achever?

L'achèvement de la guerre arabe n'est donc pas une bonne raison d'ajourner ces travaux, plus importants à mes yeux, que la poursuite même de la pacification complète des indigènes; car il est douteux qu'on puisse jamais obtenir cette pacification complète, absolue, tandis qu'il est, au contraire, bien certain que si les événements de 1840 venaient à se reproduire, nos rivaux sur mer seraient plus à craindre en Algérie qu'une nouvelle révolte des indigènes.

Je prie donc la chambre de me permettre quelques observations sur l'une des plus fâcheuses lacunes des crédits supplémentaires et du budget, sur l'omission des crédits suffisants pour la construction des travaux de la jetée d'Alger, de ce port depuis si longtemps réclamé, et de plus en plus nécessaire, à mesure que le mouvement commercial s'y accroît, à mesure que nous compromettons plus de troupes et un matériel plus considérable en Afrique.

Ce port né figure sur l'exercice courant, et sur l'exercice prochain, que pour 870,000 fr.

Or, messieurs, il faut savoir qu'au mois de juillet dernier, l'habile ingénieur chargé de la construction du port d'Alger, prenait l'engagement, avec un crédit de 2 millions, d'élever en 1841, 200 mètres de jetée, c'est-à-dire un abri pour cinq à six vaisseaux de ligne à la fin de l'année où nous sommes, et il pensait pouvoir achever en deux ou trois ans, pour 6 millions, un port en état de recevoir une flotte trois fois plus nombreuse.

Si sa proposition eût été agréée, nous aurions eu dans neuf mois, à Alger, un abri pour une escadre.

On a préféré interrompre les travaux, pour examiner un

autre projet, dont la construction exigerait 2,000 ouvriers pendant neuf ou dix ans, et 25 millions à première vue, soit 40 en style des ponts et chaussées. Jusqu'ici, 800 ouvriers environ ont été employés; il est désirable qu'on en trouve 2,000; mais avons-nous dix ans pour accueillir de si beaux plans et si bien conçus qu'ils soient relativement à la question d'art?

Il ne m'appartient pas, messieurs, d'exprimer un jugement dans la controverse à laquelle les deux projets ont donné lieu entre des hommes compétents.

J'observerai seulement, qu'à ma connaissance, des ingénieurs bien distingués, des officiers supérieurs de la marine, se prononcent pour le projet de 6 millions; ils le jugent très-praticable, tout en trouvant celui de 25 plus beau. Ils pensent, avec raison, que la question d'art est ici dominée par une question plus grave, et qu'il s'agit moins de faire du beau, d'avoir un port monumental, que d'achever le plus tôt possible un port suffisant.

Dans tous les cas, si le projet de 6 millions comportait cette année une dépense de 2 millions, le projet de 25 pouvait certainement justifier un crédit supérieur à 870,000 f.

Depuis longtemps, tous les devis sont présentés; le cabinet doit avoir un avis sur ces projets, et prouver par la promptitude de sa résolution, qu'il comprend la valeur politique du temps.

Alger, si on le veut, peut avoir bientôt un port militaire; mais cette métropole, du côté de terre, est seulement fortifiée contre les Arabes. Je doute que les crédits consacrés à cet objet permettent de pousser les travaux avec toute l'activité désirable.

Douze à quatorze vaisseaux de ligne peuvent jeter l'ancre en sécurité à Mers-el-Kebir, près d'Oran; mais ce beau mouillage, le meilleur de la côte, le plus important avec le port d'Alger, le plus menacé peut-être, n'est pas dans un rassurant état de défense.

Notre marine à vapeur, cet unique moyen de compenser l'infériorité numérique de nos équipages, par la liberté, par la rapidité de la marche, et les facilités du débarquement, est encore en grande partie sur les chantiers. Je crains que l'Algérie n'ait pas sa part dans le projet que le patriotisme de M. le ministre de la marine vient de concevoir pour agrandir ce service.

Les paquebots africains, malgré de récentes améliorations, sont dans les conditions les plus fâcheuses. Le tiers de ces navires est quelquefois en réparation dans des ateliers où manquent à la fois des ouvriers, des machines et des outils.

Comment se fait-il que, pour la fondation d'un établissement essentiellement maritime, la plupart des services qui ont cet objet en Afrique, soient en souffrance?

Ces services, je crois l'avoir démontré, sont les plus urgents, puisqu'ils sont nécessaires à la rigoureuse sécurité de l'Algérie, et permettent en même temps de réaliser les grands desseins qu'on s'y propose. C'est par les mêmes moyens, messieurs, qu'on peut la faire vivre et la rendre puissante.

Je me garderais bien, messieurs, de vous parler des opérations de la guerre, et des besoins de notre brave armée, en présence de deux généraux, nos collègues, qui ont pris une part si distinguée aux succès des dernières expéditions. Je vois d'ailleurs beaucoup de difficultés et d'inconvénients à discuter des plans divers devant un ennemi qui tient encore.

Quant aux conditions civiles d'une colonisation, quant aux garanties sans lesquelles une colonie ne peut se former ni se soutenir, mon ami, M. de Beaumont, et nos honorables collaborateurs de la commission d'Afrique, doivent vous soumettre leur consciencieux et éclairé témoignage.

Si je résume, en peu de mots, mon opinion et mon vote, messieurs, je trouve que le seul but raisonnable de l'Algérie est un établissement complet dans la Méditerranée ; j'y vois une prétention glorieuse qui tournera contre nous, si elle est soutenue avec présomption, lenteur ou faiblesse ; je crois que nous devrions la soutenir, par cette seule raison que le monde a maintenant connaissance d'un dessein de ce genre et de la possibilité de l'accomplir, par cette raison aussi qu'une puissance rivale peut nous faire plus de mal en Algérie que nous n'y pourrons trouver d'avantages ; je crois pourtant à l'importance de ces avantages pour nous ; mais l'utilité de l'Algérie est lointaine, son danger est de tous les instants ; je suis frappé à la fois du péril et de la grande nécessité de cette fondation.

Je n'aurais pas conseillé à mon pays de s'engager dans un défilé si redoutable ; mais puisqu'il ne peut en sortir que par le succès, je voterai toutes les mesures qui doivent contribuer sans perte de temps à ce dénoûment patriotique. (Très-bien !)

Extrait du MONITEUR UNIVERSEL
du 5 avril 1842.

IMPRIMERIE PANCKOUCKE,
Rue des Poitevins, 6.

www.ingramcontent.com/pod-product-compliance
Lightning Source LLC
LaVergne TN
LVHW021910180726